用自己的能力建造一切

因為

你所建造的

永遠是你的。

在框框內思考

或在框框外思考

　都可以，

只要對你有益。

用心投入你所做的每件事，

你的心會「塑造」你的成果。

曾經

你想要成為一個好人，

曾經

你想要贏得勝利，

但你深思後明白了，

生活必須繼續。

當有一天，

你終於兩者兼得，

那種感覺就像獲得新生一樣。

曾經，人類想要像鳥一樣飛翔，
但人類不會飛。

因此，必須創造能讓自己飛行的東西。

我們若想飛，
就必須想辦法讓自己能飛。

狗＋貓＋長頸鹿＋獅子
無法讓我們飛行。

人類想要什麼，
都必須想辦法自己辦到。

知識要靠尋找。

知識要靠發憤。

要獲得知識，需要很努力。

想要長知識，就得多閱讀。

尋找
Search

「尋找你要的」和「**免費獲得**」之間
存在極大的差異。

「**免費獲得**」好玩又輕鬆。
有時候你會在超商促銷時得到,甚至在瓶蓋下找到。
我們稱之為「**免費贈品**」。

「用心找尋」則需要極大的**毅力**。
好比想把書讀好,就得**讀更多**教科書;
想讓工作表現更好,就必須比同事**更賣力**;
或者想在運動場上表現更出色,
就必須比競爭對手**更勤奮練習**。

「智者」依靠尋找獲得成功。
「**愚者**」等待**運氣**讓他成功。
如果你缺乏智慧和成功,就必須去尋找,
因為成功**從來不是免費贈品**。

人類，能夠進步。

人類，能夠思考和學習。

人類，可以兼具才智和技能。

人類，

可以有豐富的想像力。

進步
Improving

進步需要的是「知識」和**「堅持」**，
也需要**閱讀、思考、好奇、提問**。

「思考」讓你思慮周密。
「好奇」讓你在不疑處有疑。
「閱讀」讓你更聰明、更有智慧。
「提問」讓你擁有從來沒想到的視野。

要追求進步，就要尋找**適合你的適當方法**。
每天實踐這些習慣，會讓你進步神速。

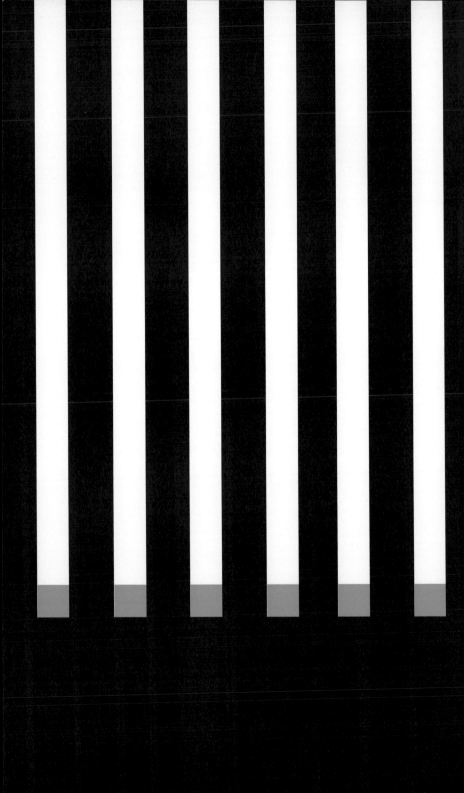

機會
Opportunity

「機會」存在**正常**與創新之間。

「機會」存在**新**與**舊**之間。

「機會」存在既定的**做事方法**與改變之間。

「機會」存在**固守意見**與創新思考之間。

每個人都會遇到機會。

先看到機會並**把握機會**將之化為行動的人,

會得到他從來**意想不到**的甜美果實。

讓自己更好，
讓自己更糟，
全都操之在你，
因為只有你會受影響。

如果你**讀書**時「樂在其中」，
你的**學業會因此改變**。

如果你**工作**時「樂在其中」，
你的**職涯會因此改變**。

如果你**閱讀**時「樂在其中」，
你的**思維會因此改變**。

如果你**思考**時「樂在其中」，
你的**人生會因此改變**。

如果你做**任何事**而能「樂在其中」，
那麼你所想要收穫的一切，也將**如你所願**。

願你快樂。
願你成功。
願你心想事成。
願你天天開心。

感覺
Feeling

那當你對「工作」感到無趣時，
你會**倦勤、怠惰**。

當你對「生活」感到無趣時，
你會**抱怨、不悅**。

當你對「朋友」感到厭煩時，
你會**不耐煩、生氣**。

任何人都有厭煩的經驗，
如果你對一件事感到厭煩，
那麼你所面對的一切都會變成
「一灘死水，了無生機」。

萬事萬物

始於一滴水。

開始奮鬥
Begin to fight

你何時開始奮鬥？

❶ 小時候

❷ 青少年時

❸ 開始工作時

❹ 結婚後

❺ 升遷後

❻ 獲得豐厚紅利後

❼ 四十歲時

❽ 生小孩後

❾ 年老時

❿ 退休時

⓫ 生命的最後一天

仔細思索，這是「你自己的人生」。

如果你要找尋某樣東西的
意義，

就假裝那樣東西已不在你的生命裡。

當你感覺沒有那樣東西

你活不下去，

也就是
找到那樣東西的意義的時候。

那可能是——

你的父母、
你的情人、

你最好的朋友、
你熱愛的工作、

你的財產、
你的子女、

真心誠意、
珍貴的友誼……

或其他很多東西。

當它消失時，
你一定會很懷念。

如果錯誤
是人生的教訓，
那麼從現在開始，
試著不要再犯同樣的錯誤，
因為你已經得到教訓。

錯誤
Mistakes

多做多錯，少做少錯。

多說多錯，少說少錯，

兩個人真正親近，多少會有一些摩擦。
兩個人保持距離，便不太會造成摩擦。

「犯錯」，並沒有錯。

如果你不小心犯了錯，
請努力從中得到正面的東西。

你可以**在錯誤中尋找「機會」**，
並將錯誤視為**人生的教訓**，
才不會再犯同樣的錯。

進步

是

每個人都能達成的事情。

品質
Quality

創造優質的工作成果可稱為優質生產，
而「高效率」讓你能創造「高品質」。

如果你工作表現不佳，就應**提升能力**。
如果你工作得很吃力，就應**增進知識**。

多嘗試，你會創造更好的工作成果。
更專注，你的工作表現會更驚艷。

專注品質就是將原本的東西做得更好。
如果你希望你的工作、學業、運動、音樂表現
擁有**高品質**，

就必須「精益求精」。

一個

奇怪的人

就是待人處事

與眾不同的人。

別人生氣的事不會讓他困擾。

別人放棄的事

他堅持到底。

用心去做
Do it with your heart

用心工作會讓你**快樂**。
當你工作時不感厭煩，你會很**自在**。

從事你熱愛的工作讓你**時時都快樂**。
從事你熱愛的工作讓你**樂在其中**。
你愈是**熱愛工作**，便會愈**快樂**。
你愈是**熱愛工作**，便會愈**專注**在工作上。

你熱愛的工作會讓你**感覺活著**。
你熱愛的工作會讓你**優游其中**。

「**用心工作**」不會讓你厭煩或疲倦。
如果你要快樂，就要**專注**在你的工作上，
才能時時**得到快樂**。

你的影子
與你同行。

我的影子
與我同行。

生活
Life

現實生活中
沒有鈴聲顯示每一回合的結束。

人生或快或慢地**持續向前**。
最重要的是你永遠不能停止移動。

有時候你可以**快走**甚至**快跑**，
但如果你要**全力以赴**，

你就必須比任何人移動的**更快速**。

人生始於

尋找知識。

沒有知識，

人生將難以預期。

如果你不知道自己要往哪裡走，

就不知道未來會帶給你什麼。

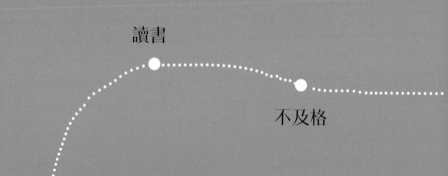

讀書

不及格

出生

開始工作

畢業

進大學

及格

對年輕人而言，

人生不是畢業就結束。

事實是，

畢業是新生的開始。

開始自力更生，

或回到父母懷抱。

你所想的
終會得到。

你所做的
終會得到。

錯誤的思考
The wrong way of thinking

思考方式錯誤的人會**不斷犯錯**。
因為想錯方向就像把地圖看錯一樣，
北邊看成南邊，東邊看成西邊。

當你的人生地圖是錯的，便會**走錯方向**。
走愈久，**迷失**得愈厲害。
最後，甚至很難認清正確方向了。

有些人明白自己**走錯路**。
如果趁著還有呼吸時**及時回頭**，
至少還稱得上是**幸運**。

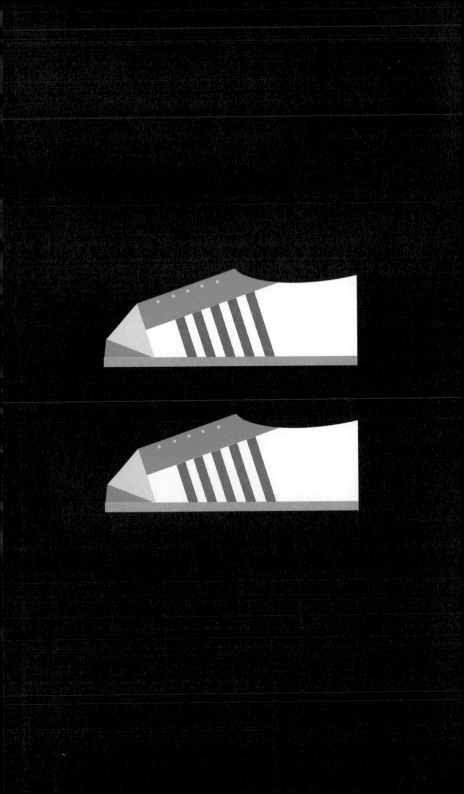

賽跑
Race

賽跑時，
如果你旁邊的人跑的速度都一樣，
你會看到他們**一起移動**。

如果你以一百公里的時速開車，
旁邊的火車速度也一樣，你會看到**同樣的景色**。

至於那些只是坐著看的人，會看到一切**飛速經過**。
工作也是如此。

如果每個人都在前進，
只有你坐著什麼都不做，

在你還沒有意識到之前，
他們早已越過你了。

人生難料，

生命總是起伏跌宕。

剛開始工作就像展開人生新旅程，

你不知道會遇見什麼新鮮事。

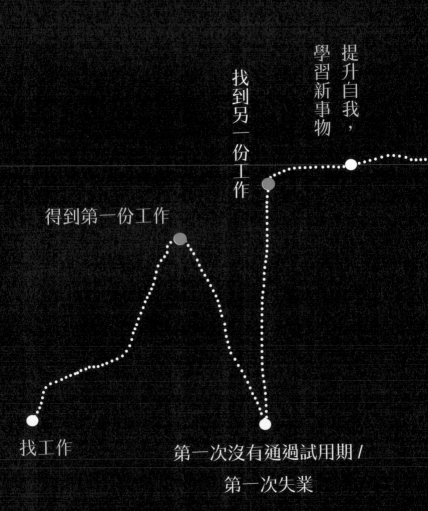

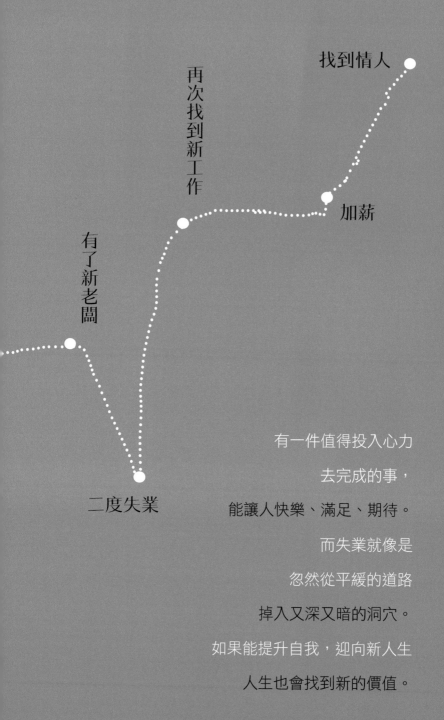

找到情人

再次找到新工作

加薪

有了新老闆

二度失業

有一件值得投入心力
去完成的事，
能讓人快樂、滿足、期待。
而失業就像是
忽然從平緩的道路
掉入又深又暗的洞穴。
如果能提升自我，迎向新人生
人生也會找到新的價值。

當雞得到一只鑽戒，
鴨子得到一件襯衫，
老虎得到一本書，
魚得到一座神燈，

有意義嗎？

若不懂所擁有的事物的價值，

若不了解所投入的事情的意義，

那麼，一切不過是浮雲。

不知道
Don't Know

當你意識到你**不明白**，
這是好的開始。
因為會促使你**尋求知識**。

當你無感於你不知道，
這一點也不好。
因為你不知道你**錯過什麼**。
你不知道你**缺乏什麼**。
你不知道你可能**太驕傲**。
你不知道你**失去什麼**。

當你不知道你**有問題**，
你也就不知道你的人生哪個部分**需要修正**。

你可能會是原來的你，
但卻是那個**無法進化成長的你**。

慾望
Desire

每個人都渴望勝利。
但通常，勝利只屬於**第一名**。

其實大家都差不多，
為什麼勝利的不是你？
也許是因為你
「**不夠用力嘗試**」。

多數勝利者
比別人更**堅持不懈**。

每當你渴望勝利，
別忘了你必須**努力嘗試**，
比所有的人更努力許多。

這世上沒有人
生來就是聰明的。

但每個聰明的人都是
在學習中**堅持不懈**，

加上一次又一次的
練習、練習、練習。

日復一日地
練習一件小事，
有一天那一件小事就會變成

**改變人生的
大事。**

下雨時，你停下腳步。

晴天時，你抱怨太陽。

天氣熱，你懶得出門。

天氣冷，你賴在床上。

這樣的你，

要如何成為更好的你？

智慧
來自教育。
多讀書，
你會更有智慧。

選擇
Choices

你永遠有得選。

選擇❶ →不讀書

選擇❷ →讀書

選擇❸ →不工作

選擇❹ →工作

選擇❺ →喜歡讀書

選擇❻ →喜歡工作

選擇❼ →看電影

選擇❽ →蹺課

選擇❾ →偷竊

選擇❿ →買東西

選擇⓫ →待在家裡

你人生中的一切都是你讓它發生的，
你的命運是你選擇的。

如果你旁邊的人
不停向前走，
你何不
就和他們一起走？

辦不到
I can't

當你聽到一個人説「我辦不到」，
那表示這人**瞧不起自己**。

喜歡説「我沒辦法」的人，
顯示他**欠缺實力**。

當你愈常説出這句話，
它愈會烙印在你的潛意識。
當你面對**阻礙**時，
你的潛意識會不斷浮現這句話。

有些話毫無用處，
絕對別將辦不到掛在嘴邊。
同理，當你請人幫忙時，
你也不會想聽到對方回説「我沒辦法」，
對吧？

休息一百天，

跑步一天。

或者

跑步一百天，

休息一天。

哪種方式讓你

更快達到目標？

我可以
I can do it

每個成功的人心裡都有一句
最重要的格言，
那就是——**我可以**。

不論面對簡單或艱難的挑戰，
他們總是勇於承擔。

他們不會**輕言放棄**或**半途而廢**。
事實上，
他們未必才華洋溢，
但卻洋溢著永不放棄的決心。

不論多麼艱難，
他們做的只是一件簡單的事——
堅持不放棄。

當你發現迷宮的出口，
請留下記號給
「後來的人」，
讓他們也能跟著
你的腳步走出迷宮。

迷失
Lost

如果你相信每個人來到世上
是為了某種「特別的原因」，
你當然不會成天渾渾噩噩、浪費地球資源，
對吧？

你會有某種「必須完成」的**使命感**。
有些人很快地發現自己的使命，
有些人則需要花點時間。

找到的人可能成為溫拿。
找不到的人可能淪為**魯蛇**。
而魯蛇應該做的是——

找到夢想

夢想
Dream

任何有夢想的人
都必須為自己奮鬥。

每當你失去毅力，
你實現夢想的機會也會遞減。

毫無疑問地，
每一種人生都有它的困難，
你無須張望，只要**專注在自己的人生，**
那足以使你有所不同。

看見別人跌倒時，

你可以有兩種作為：

① 跨過他

那可能使他再也站不起來。

或者

② 拉他一把。

你會怎麼做？

你必須自己

選擇，

因為這是

你自己的人生。

如果你無法選擇，

試著想像
發生相反的情況，

跌倒的人是你，

那麼你會希望
你最好的朋友或陌生人

怎麼對待你？

任何可能都會發生，

想清楚、

不抱怨、

不後悔。

你確定這是你的選擇，

那就堅持這件事，

因為這是

你的人生。

快思慢想
Walk slowly

上樓時，你通常一步一步走。
如果你趕時間，一步跨三階，
那很可能會踩空跌倒。

解決問題時，
三思後行反而能有效**節省時間**。
因為你早已將可能發生的
每一環節細細想過。

如果你想看到
不同於事實的樣貌，
就戴上
偏頗的眼鏡。

不帶偏見

Unbiased

一旦帶上**有色眼鏡**，
觸目所及的一切
都將覆蓋上一層霧氣。

或淺或濃，
都將改變你看待事物的清晰度。

永遠**保持客觀**，
永遠**謹守中立**，

因為不容易，所以更要時時提醒。

「我可以」
或「我辦不到」

「可能」或「不可能」

完全在於
你的「能力」。

不可能
Impossible

這世上有兩條路，

第一條是「可能的路」，

另一條是**「不可能的路」**。

每個人都得選擇自己要走的路。

沒有人能決定你的**人生**，

沒有人能干預你的**決定**，

這件事只有你能做。

「嘗試過而失敗」

好過

「沒嘗試而放棄」

這不是

顯而易見的事實嗎？

繼續奮鬥
Keep fighting

成功之路不是一條死巷。
不論峰迴路轉幾千回，
也要找到路繼續往前走。

即使錢少事多離家又遠，
即使逃避可恥而且有用，
但也要**繼續奮鬥**。

「堅持到底，永不放棄」，
說起來很老派，做起來很實在。

你可以坦率**表現自我**，認真追求目標。
只要你**確定方向**，**匯聚能力**，
隨時會找到方法優雅地達成你的夢想。

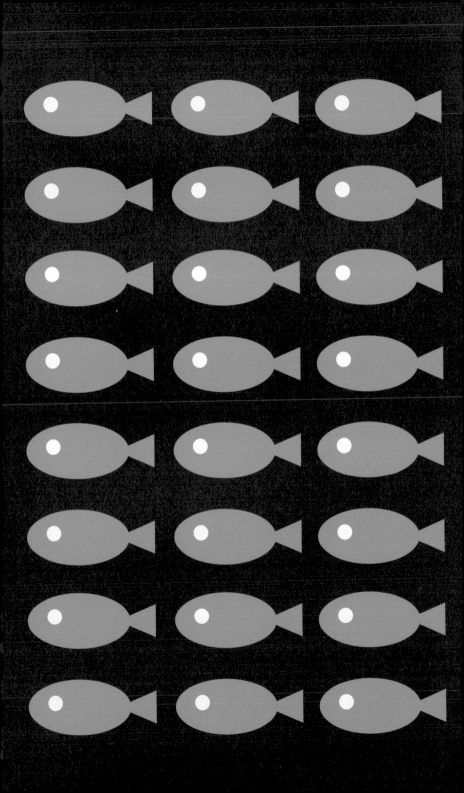

一根魚竿和一筐魚，你會選擇哪個？

你可以選一根魚竿，

有了魚竿，學會釣魚，

你便有享用不盡的魚。

你也可以選一筐魚，

將魚賣了之後，買許多魚竿，

再將魚竿出租給別人。

不論你選擇哪一種方法，

你都可以獲利，

也許是賺到錢，也許是釣到魚。

有錢可以買到東西，

可以請人幫你做事，

可以買任何有標價的物品，

只要你想要。

但可悲的是，

你買不到成功。

成功無法在市場買到，

也不可能在蝦皮買到，

即使你家財萬貫，

也買不到成功。

成功無法標價，無法販售，

這就是事實。

成功是非賣品，

　但可以交換！

你可以拿毅力

　來換取成功。

利用一點點的毅力，

交換

一點點的成功，

或者

利用很多很多的毅力，

交換

很大很大的成功！

有些人

從來不曾運用毅力。

因此，

終其一生，

他們從來沒有成功過，

一次也沒有。

只有少數人

在人生道路上，

多堅持了一哩路，

那使他們多成就了一些

了不起的成就。

如果你想要長途旅行，
那就不要怕累。

如果你怕累，
就別選擇長途旅行。

問題
Problems

在漫長的旅程中碰到問題時，
解決之道就是跨出第一步。

大問題
不需要強大的能力才能解決。

任何人都有辦法解決，
只要你**認真嘗試解決問題**，
一定可以找到方法。

但一旦你**停止思考**
所有的問題就會繼續存在。

成功的解決問題不會讓人察覺問題存在過，
但若放著不管，將會衍生更多麻煩。

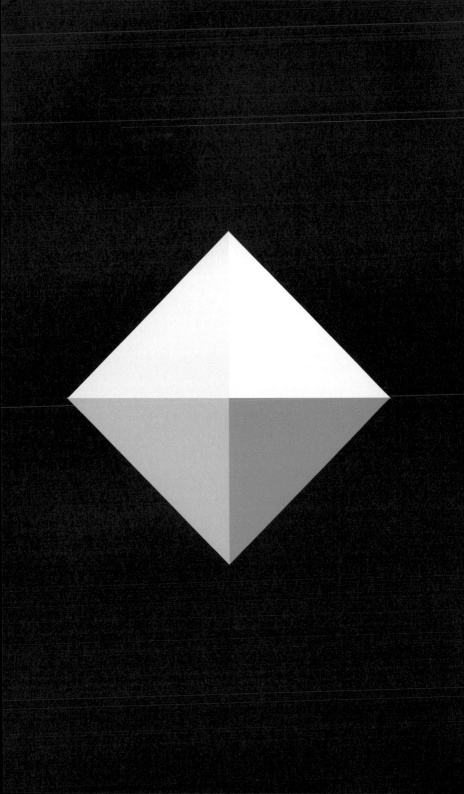

心存善念
Think good

如果你勇於思考，但沒有任何行動，
什麼事都不會發生。
如果你**勇於思考**＋**勇於行動**，
剩下要做的就只是克服**必須面對的阻礙**。

幼年時，我們就像一張白紙，一塵不染。
但長大成人後，
很多事讓人憤怒、令人分心，
於是我們迷失了，
從純白的紙變成布滿顏色的紙。

存好念+做好事並**不難**。
存好念+做好事是我們應該做的事。
存好念+做好事是**所有人應該做的事**。
存好念+做好事是能讓人人都感到快樂的事。

自己的問題

自己解決，

問題的存在，

是為了測試你是否

有足夠的能力

解決他。

無腦人
Brainless

學生必須把書讀透。
幾世紀以來，無數學者寫下千萬冊書，
裡面有足夠的知識供我們閱讀，
藉以了解生存的世界。

從來不將知識裝入大腦的人，
可比擬為「空的透明杯子」；
抗拒接受教育或腦子裡沒有知識的人，
可稱為無腦人。

將**消極思考**裝入腦子的人，
有一天會變成**消極的人**。

將積極思考裝入腦子的人，
有一天會變成積極的人。

D

往好發展
Getting good results

一個人能夠成長並擁有不錯的發展，
是因為老師的循循善誘，
讓學生從學習中得到知識，並成為更好的人；

是因為父母和家人的愛，
家庭的溫暖給他力量；

是因為同儕的友誼，
朋友的支持給他鼓勵。

思考正向＋言談明智＋行為良善
讓生活更美好。

擁有好的想法，
便不會傷害、欺騙任何人。

讓孩子成為善良的人，
也將能夠幫助社會淨化。

從困難的工作中
得到的經驗，
比簡單的工作更多。

如果想要進步，
就必須做從未做過的事。

教導
Teach

種下什麼種子，就會得到什麼果實。
古人說：「種瓜得瓜，種豆得豆」。
你灌輸孩子的任何事物，
總有一天會回饋在孩子身上。

如果你教孩子**不說謊**，
孩子會成為有**誠信**的大人；

如果你教孩子**不逃避**，
孩子會成為**勇敢**的大人；

如果你教孩子**有耐心**，
孩子會成為**善於等待**的大人。

每一個孩子都是父母的縮影，
你怎麼做，孩子就怎麼學，
父母是孩子最初的老師。

長得帥不表示桃花旺，
學歷高不代表人品好，
賺的多不代表能力好。

不論做什麼事，
別被表面給欺瞞。

氣泡
Air bubbles

人類最優異的能力就像「氣泡」。
舉例來說，
如果你拿一個杯子倒扣，強壓進一桶水裡，
你壓得愈用力，反彈的阻力愈大。

一個人若真正強大，他的能力就像這樣。

每一天都可能遇到打壓你的人，
他無所不用其極，就是不讓你浮出「水面」。

但你的能力就像水下的「氣泡」一樣，
永遠有機會浮上來突破水面。

等到那一天，
你的機會就在眼前。

全新的工作
A new job

把每一份工作視為第一份工作。

職場上永遠會**遇到挑戰**。
面對挑戰，
有些人會逃避，
有些人會做做看，
有些人會置之不理，
有些人會不甘不願地做。
只有一些人，會竭盡所能地奮戰。

無論挑戰是大是小，
只要**竭盡所能**、**永不放棄**，終能完成。
成功的滋味就如同你投入的心力一樣──

極致完美。

如果要改變
生活裡的一件事，

首先，
從「思想」改變起。

改變，隨時都在發生。

不論你做什麼事、
從事什麼工作，
或過怎樣的生活，
永遠會發生「新的事情」。

每當你直接面對**新事物**，
例如：新科技、新老闆、新部屬、新公司、
新制度、新朋友、新思維、新生活模式……等，
較快適應的人，便能順利因應變局。

未能順應趨勢改變的人，
必然會變得**過時**和**可悲**。

高牆
Wall

如果你的世界改變，

（事實上你的世界必然每天在改變）

你會如何因應？

❶接受。因為世界已改變，不妨順勢調適。

→你能打倒**「阻礙思想的高牆」**，慢慢適應。

然後接受改變。

❷抗拒。即使世界已改變，我也不從。

→也許剛開始你會快樂，因為你仍是你「自己」。

你會自豪於擁有**獨特的自我或清楚的觀點**，但

到頭來你會與社會或同僚脫節，因為你變成**過時的**

人。事實是生活與工作的問題，是無法逃脫的。

如果你的世界已改變

If your world has changed

❸ **忽視**。任由世界改變，仍舊一如以往過我的生活。

→這表示你知道你的世界已改變，但寧可**維持不變**

或乾脆「隨他去」。

這可能是最簡單的選擇，前提是你獨自生活。

但如果你和別人**共同生活**，或者嘗試與另一個人共

同生活，這終究會很**困難**。

第一個問題是「你將無法和別人相處。」

第二個問題是「你在職場上遙遙落後，被拋在末端。」

當大家都改變，你被動坐在那裡看著世界改變，

最後將變成公司的負擔。

不斷發展、有前瞻性的公司需要**思想有彈性**、能**適**

應當前趨勢的人才，而你不是他們要的人。

地基
Bricks

萬丈高樓平地起，
蓋房子最重要的是地基。
地基穩妥，磚塊上疊，房子才能穩固。

不論是建造平房或是高樓，
建設人生或是建構生活方式，
全都奠基於**堅實的基礎**。

你所鋪下的**每一塊磚**，
象徵著你的人生之路。
疊磚不能速成，成功不能求快，
一塊一塊，一步一步，
建造你心中的高樓。

找出讓自己
變得更好的方法，

然後
勇敢去做！

知識
Knowledge

獲得**知識**的方法是人生的課題，
可以由一個人**傳遞**給另一個人。

無論是科學、數學、語言、地理或機械，
知識是理論，是**因果關係**；
知識可以學習，可以證明真理。

將理論和理性運用在工作和生活中，
產生一致的**邏輯**，
擺脫無謂的執著。
善用批判性**思考**，
形塑正確的道德觀。

樂觀看待世界，

將可獲得

隨時得到的快樂

and

免費得到的快樂

藝術
Art

藝術是看得見的美。
藝術之美在於靈感,
如素描、繪畫、雕刻或任何創造物。

藝術是美。
藝術是**情感**。
藝術是**自然發生的**。
藝術是**可以學習的**。

藝術即生活。
將藝術運用在生活中,
讓生活充滿繽紛的變化,
也培養接納新事物的心態。
更能擁有發現周遭事物之美的眼光。

像聰明人
一樣地生活，

意思是
要尋求讓人生更美好的
知識。

知識
Knowledge

知與不知，差很大！
知讓你**更聰明**。
不知將可能讓你**偏離社會**。

閱讀**有用的書**能增添你的知識。
和**聰明的人**交談等於尋求知識。

善用知識工作讓你更**有效率**，
不用知識工作就是純粹**靠運氣**。

知識讓你更有力量，
然而缺乏知識將會耗損氣力。

學習
Learning

有些人從**經驗**中學習。
有些人從**環境**中學習。
有些人從**課堂**上學習。
有些人從**朋友**身上學習。
有些人從**可敬的成人**身上學習。
有些人從**聰明人**身上學習。

有些人從直接的經驗學習，
意思是自己嘗試，並經歷失敗。

有些人從間接的經驗學習，
意思是閱讀別人的故事並從中學習。

學習**隨時隨地**都在發生。
如果你從生活中發生的事學習，
就能一輩子學習。

想要活得像笨蛋，

就盡可能去做
讓人生變得更糟的事。

認真工作必須是在**對的地方**加上**對的時間**。

如果在對的地方但不對的時間認真，

不會創造任何新事物。

如果在不對的地方、不對的時間認真，

只會在工作上製造混亂。

你會把錯的當成對的、對的當成錯的，

絕不會創造任何好的結果。

若在對的時間但不對的地方認真，

你的能力會提升，但沒有人會看見。

若在對的地方、對的時間認真，

重視你所作所為的人會看見你的努力，

上面的人會看見你的認真。

應該奮戰的時候，
你就得挺身奮戰。

應該停止的時候，
你就得戛然而止。

保有彈性
Flexible

從事**有彈性**的工作，
讓你能**及時改變**戰術與策略，
據以調整行動。

意外永遠可能發生。
如：政治動亂、自然災難、貨幣波動、
油價上漲、金價下跌、股市跌跌不休。
這些都是**不可預測**的外在因素。

面對問題時，
僵化的觀念將會讓思考**受限**，
因為你無法適應，你堅信改變會讓情況更困難。
最後終將失敗，
原因是無法及時調適。

你可以訓練一隻狗

守住你的保險箱。

也可以訓練一頭獅子

跳火圈。

甚至可以訓練一隻大象

踢足球。

這些都比馴化一個壞人

變成好人

來得容易許多。

人生，

誰都只能來一回，

所以別用壞事占去太多時間。

人生，

你也只能來一回，

所以何不做一些

讓自己快樂的事？

當冰淇淋開始融化，

就不可能再回到

剛挖出來的誘人模樣。

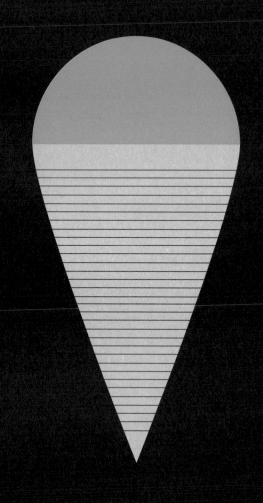

但若冰淇淋夠誘人，

你會願意再買一隻。

一點點
就很好
The right amount

工作時多投入一點點的努力，
生活上多追求**一點點的慾望**，
就能得到多一點點的快樂。

不用追逐大量的快樂
而是每一天都可以獲得的**小確幸**。

適度的快樂是——
能做喜歡的事，
對所有的一切**感到滿足**，
將人生活到極致。

給「保有熱情」的人們，

讓你的熱情
永遠沸騰，

因為原本的吸引力

將逐漸消失。

給「逐漸冷卻」的人們，

讓你的冷卻
逐漸回溫，

因為你終將發現

唯有熱情能支撐一切。

你那麼聰明，

難道不知道自己
辦得到嗎？

存好心
做好事
Think good

如果你心存善念，往往會有好的結果。
如果你**心懷惡意**，往往會有**不好的結果**。

身行好事，心想好意，
好事發生率會大幅提高！

心存好意就像每天吃下健康的食物，
你將會得到健康；
心懷惡意就像每天吃下垃圾食物，
你只會得到肥胖和一大堆健康問題。

「放棄」這件事，

會的人

終究是會，

不會的人，

打死也不會。

魚
Fish

強壯的魚能逆流而上。
死魚只會順流而下。
堅強的人身心都有**韌性**。
脆弱的人很容易放棄，
因為他們寧可不奮鬥。

太多人在生活中承受壓力，
對這些人而言，
最好的紓壓方式是讓自己快樂。

處在正常壓力狀態，
表現一定比承受壓力時更好。
但若能在高壓狀況擁有出色的表現，
那麼任何事都**難不倒你**。

如果你希望
人生爬得更高，

就必須胼手胝足
爬上成功的階梯。

如何成功
How to

有兩種方法可以成功，
一是**等成功降臨**。
二是朝成功邁進。

如果過去你曾經等待「成功」降臨，
卻一直沒有等到，
那麼你應該改採第二種方法。

「朝成功邁進」並不需要創造多少東西，
只表示──你不應該留在原地。

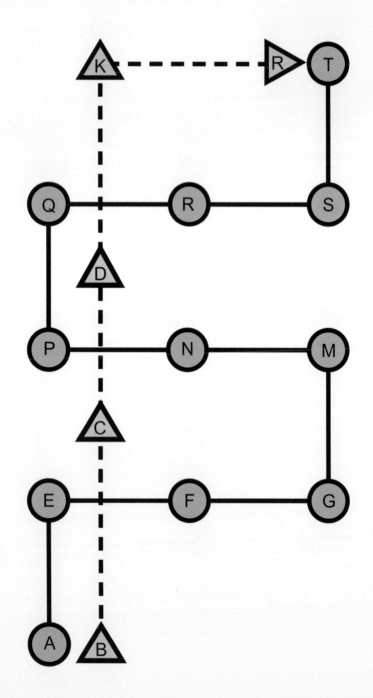

目標
Goal

想想你用什麼方式實現目標？

方法一：**快速地奔跑**

方法二：**快速地走路**

方法三：**慢慢走**

方法四：**走走停停**

方法五：**站著不動**

從一點移動到另一點，

不論你選擇往哪個方向前進，

請確定你選的是**擅長、喜歡、滿意**的。

至少，現在你不是倒退嚕。

聰明的人

能夠將大問題變小。

愚笨的人

擅長將小問題變大。

解決問題
Solving problems

解決問題有兩個方法：
第一種是將大問題變小。
第二種是**將小問題變大**。

方法一
將大問題變小就是將問題「分解成愈來愈小」，
然後一次解決一項。

方法二
將小問題變大代表沒有清楚的解決方法，
以致情況更加混亂。

問題發生時，
你必須找到能改善眼前問題的方法。

聰明的人
熱愛進步，

不聰明的人
不知道如何進步。

誘餌
Bait

如果想要抓住老鼠，
你可能需要使用大米；

如果想要抓住大金剛，
你可能需要美人兒。

如果想要抓住鋼鐵人，
你可能需要小辣椒；

如果用錯誘餌，
就無法抓住想要抓住的東西。

想要成功，就得用對能抓住成功的誘餌。

成就感取決於
你的投入程度。

如果完成一份工作
卻不感到成就感，
那可能是不夠用心。

認真工作
Hard-working

總是投入90分努力的人，
得到的結果是**成功**。

有時90分、有時60分的人，
得到的結果是**時好時壞**。

只投入60分的人，
得到的結果是**勉強過得去**。

毫無投入的人，
得到的結果是**一片空白**。

想想看，你是哪一種人？

歸根究柢，
你怎樣努力就得到怎樣的結果。

如果你有時間
抱怨機會不佳、運氣不好，

何不用那個時間
改善自己？

聰明
Smart

如果你真的聰明，
你會知道如何讓自己達到**真正的成功**；

如果你自恃聰明，
最後可能敗在自以為是的**小聰明**。

如果你不夠聰明，
你可以選擇**更努力**或是僅止於此。

超越、**維持**、**妥協**、**放棄**，
就看你如何看待你的聰明。

高度適中、
四腳平穩、
不會左右搖晃、
一高一低的
就是好桌子。

閱讀滋養你的**知識**，
知識飽滿了，你自然不一樣。

閱讀充實你的**心靈**，
心靈飽滿了，你自然不一樣。

閱讀供給知識，
知識產出思想。

當問題出現時，
你會有足夠的資源去找出解決之道。

真正偉大的人
不會拘泥小節。

先把事情做對，
再把事情做好做滿。

有時候，人生有起有落。

有時候，你必須**度過難關**。

有時候，問題很容易，有時候很困難。

有時候，困難到你無法**獨力解決**。

有時候，你是快樂的。

有時候，你想要**放棄**。

有時候，你必須起來奮戰。

有時候，你必須**一個人走**。

有時候，你必須有朋友。

有時候，你必須**停止**。

有時候，你必須向前走。

有時候，你必須**順勢而為**。

烏龜不會傻傻等待兔子停下。

烏龜只懂繼續前進，

直到兔子放下戒心。

然後超越兔子。

小步前進也能抵達目標，

慢慢走，比較快。

築夢
Goal

訂定目標也許很難，
把它想成一個夢想吧！
擁有夢想跟實現夢想一樣重要，

有時候，你必須獨自前進，
在漫長的旅程中，
你也許會放棄，因為過程很累。

有時候你可能會不小心跌倒或被別人絆倒。
但只要你**抱持決心**，
你會提起精神繼續向前走。

快快走也好，
慢慢走也罷，
都好過半途而廢。

這世界的一切
都是要讓我們學習。

如果有人說「我已經知道了」
那表示他懂得比你多，
也表示他的傲慢
比你強。

有心學習
Learning

在職場上或生活中學習，
每個人都需要花時間慢慢**累積知識**。

建造高樓始於一塊磚。
建造大城市始於一個人的構想。
累積財富始於一小筆存款。
建立尊敬始於付出不求回報。
建立安全感始於堅強。
累積知識始於有心學習。

獲得知識需要時間，
如果你總是匆匆忙忙，
你將失去得到知識的機會，
並犯下出乎意料的錯誤。

問題就是
要讓人解決的。

問題
是犯錯的結果。

問題
Problems

有智慧的人能體悟一切事物的真相。

真相即不虛妄。

法即萬物。

法是佛教的重要概念，

是一切事物的真相，要及時認識真相。

思考一切事物的真相，

才會了解法的「真諦」。

真誠思考的人能學會如何生活。

有智慧的人能解決**世間的課題**。

真正用心的人做任何事都很謹慎。

有智慧的人總是用心**解決問題**。

用心＋**智慧**，你就是了不起的人。

一　是開始。

二　是**下一步**。

三　是永遠的接下來。

四　是**希望的步伐**。

五　是深思熟慮。

六　是**矯正**。

七　是改善。

八　是**向前走**。

九　是朝目標前進。

十　是**達成目標**。

當你走到一半時，

你必須停下來仔細想想。

深思熟慮，思考可能的後果。

細思後你才能繼續向前邁進。

古人說：
「一種米養百種人。」

所以才有
各形各色的人。

人
People

第 1 種　是正向思考的人。

第 2 種　是善於思考的人。

第 3 種　是永不放棄的人。

第 4 種　是懶惰的人。

第 5 種　是負面的人。

第 6 種　是普通的人。

第 7 種　是放棄的人。

第 8 種　是不斷改善的人。

第 9 種　是挑剔的人。

第10種　是沒有目標的人。

第11種　是目標清楚的人。

第12種　是直率的人。

第13種　是沒有彈性的人。

第14種　是總是放棄的人。

第15種　是想要快速致富的人。

你是哪一種人？

如果想要贏，
想辦法

「先贏得自己的心」。

領導者
Leader

第 1 種　是正向思考的人。

第 2 種　是善於思考的人。

第 3 種　是永不放棄的人。

第 4 種　是懶惰的人。

第 5 種　是負面的人。

第 6 種　是普通的人。

第 7 種　是放棄的人。

第 8 種　是不斷改善的人。

第 9 種　是挑剔的人。

第10種　是沒有目標的人。

第11種　是目標清楚的人。

第12種　是直率的人。

第13種　是沒有彈性的人。

第14種　是總是放棄的人。

第15種　是想要快速致富的人。

你的領導者是哪一種人？

將一個「聰明人」
關進箱子，
他早晚會逃脫成功，

因為關的住他的身體，
卻關不住他的創意。

第 1 種　是正向思考的人。

第 2 種　是善於思考的人。

第 3 種　是永不放棄的人。

第 4 種　是懶惰的人。

第 5 種　是負面的人。

第 6 種　是普通的人。

第 7 種　是放棄的人。

第 8 種　是不斷改善的人。

第 9 種　是挑剔的人。

第10種　是沒有目標的人。

第11種　是目標清楚的人。

第12種　是直率的人。

第13種　是沒有彈性的人。

第14種　是總是放棄的人。

第15種　是想要快速致富的人。

你希望你的孩子成為哪一種人？

你能夠做的最愚蠢的事，

就是強迫別人

和你有一樣的想法。

而更愚蠢的、

也許是全世界最愚蠢的事，

就是

嘗試讓愚蠢的人

變聰明。

將兩桶水倒入
五十公尺深的池塘，

池塘
也不會因此變大。

人生伴侶

Life partner

第 1 種　是正向思考的人。

第 2 種　是善於思考的人。

第 3 種　是永不放棄的人。

第 4 種　是懶惰的人。

第 5 種　是負面的人。

第 6 種　是普通的人。

第 7 種　是放棄的人。

第 8 種　是不斷改善的人。

第 9 種　是挑剔的人。

第10種　是沒有目標的人。

第11種　是目標清楚的人。

第12種　是直率的人。

第13種　是沒有彈性的人。

第14種　是總是放棄的人。

第15種　是想要快速致富的人。

你希望你的人生伴侶是哪一種人？

寧可迷路也不要迷失，

迷路只會讓你
較慢到達目的地，
迷失卻讓你
到不了目的地。

生與死
Birth + death

當一個新生命誕生，
將有一個生命正在離去。

當失去一樣東西時，
將有另一樣東西被找到。

當某人贏的時候，
必有另一個人輸。

當一個生命尋找獵物時，
另一個生命將成為他的食物。

每一個生命
都仰賴另一個生命的行動。

每一個生命
都是因另一個生命的助力而活著。

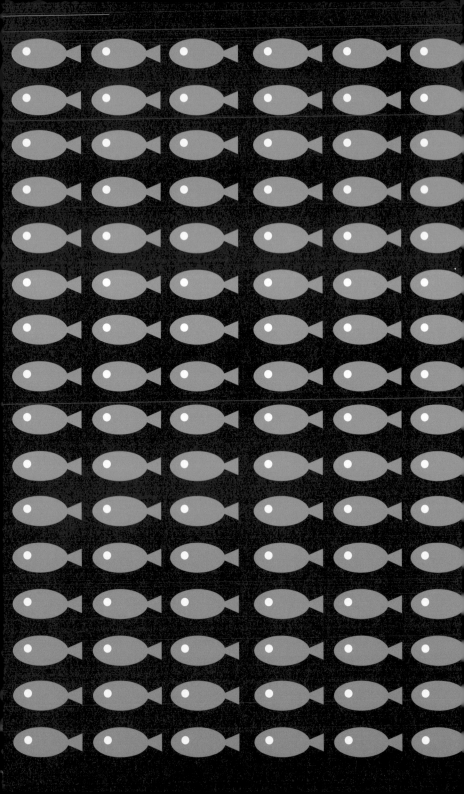

混亂
Chaos

如果你和一千個人在一起，
你的腦子能感受一千種故事。
如果你和一百個人在一起，
你的腦子能感受一百種故事。
如果你和十個人在一起，
你的腦子能感受十種故事。
如果你只和一個人在一起，
你的腦子能感受一種故事（或甚至一百種故事）。

如果你覺得獨處的感覺比什麼都好，
那真的是很棒的事。

關鍵不在於認識多少人，
只在於**心中是否平靜**，
那才是最重要的。

真誠付出，

別人終將
以真誠回報。

螞蟻雄兵
Ants

一隻螞蟻
可以扛一小塊糖。

一百隻螞蟻
可以扛一隻蚱蜢。

一千隻螞蟻
可以蓋一座巨大的蟻丘。

一百萬隻螞蟻
可以蓋很多巨大的蟻丘。

如果我們可以像螞蟻一樣**合作**，
可以建造更**偉大的事物**，
遠比一億隻螞蟻厲害得多。

投機的人，
永遠可以找到方法取巧。

誠實的人
無論如何都不會
背離誠信。

依賴
Dependence

依賴別人或許能完成工作，
但學到技能的是別人。

依靠自己完成工作，
除了能獲得成就
還能學到必要的技能。

試著讓自己獨力完成，
從中你會得到前所未有的**滿足感**。

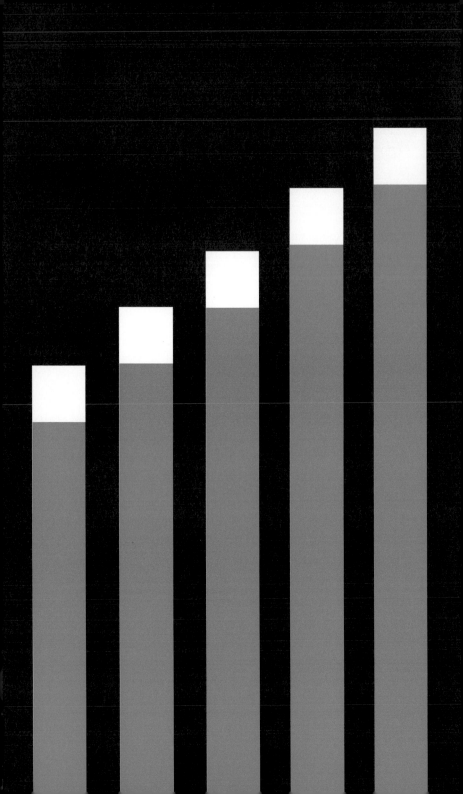

詩人
Poets

詩人比作家
花**更多時間**寫詩。

足球選手比游泳選手
花**更多時間**練習足球技巧。

吉他手比歌手
花**更多時間**彈吉他。

詞曲家比演唱者
花**更多時間**寫歌。

專注投入你所做的事，
你便能激發事情的**最大價值**。

踩在別人身上

不會讓你高人一等。

踩在自己的血汗上

才能讓你

贏得尊重。

詞曲家
Songwriters

詞曲家比演唱者
花**更多時間**琢磨歌曲。

業餘高爾夫選手必須比職業高爾夫選手
花**更多時間**才能降低標準桿。

金牌游泳選手比其他游泳選手
花**更多時間**訓練以維持榮耀。

大牌演員比臨時演員
演繹過更多層的情緒變化。
投入的時間心力愈多，
你能收穫的也愈多。

思想愈寬廣，

看得愈遼闊。

想得愈遙遠，

就能預測更遠的未來。

餵養
Raising

二十隻蝦子
可供一個人吃。

一隻魚
可供一個人吃。

一隻雞
可供四個人吃。

一頭豬
可供一百個人吃。

一頭牛
可供二百個人吃。。

如果你是領導者，
你要用何種資源餵養你的部屬？

不論你希望

你的「孩子」成為哪一種人，

只需朝你希望的方向鋪設軌道，

你的「火車」就會抵達

你希望的「目的地」。

火車有行駛上的**限制**，
只能沿著軌道行駛，
軌道到了盡頭，想前進也沒辦法。

火車有載貨量的**限制**，
只能承載引擎能負擔的重量，
超過了，只會拖垮整列車的速度與功能

將公司比擬坐火車，
如何調配載貨量及行駛距離，
端看領導者的能力與遠見。

如果你能偷看試卷，

知道答案就能通過考試。

如果你偷看明天，

知道會發生什麼事，

那人生還有什麼樂趣？

每一天都值得期待，

每一天都有更精彩的驚喜

等著你。

旅程
A journey

工作就像一段**旅程**。

有時候你會看到絕美的景色。

有時候你會領略到**大自然的芬芳**。

有時候你會看到絢麗彩虹。

有時候你會看到**青青草原**。

有時候你會看到驚人風暴。

有時候你會看到**羊群走過**。

旅程是不可預測的，

可以很好玩，也可以**很困難**。

但無論如何，

這段旅程都是你的人生軌跡，

是你必須親身經歷的。

當你想做一件事，

先設想最糟糕的狀況。

你會怎麼定義？

一般人稱之為

「留後路」。

管理者稱之為

「備案」。

分析師稱之為

「B計畫」。

格局
Layout

小船在風暴來襲時會有危險，
在強烈風暴來襲時會沉沒。

大船在風暴中會左右搖晃，
在強烈風暴來襲時會天搖地動。

穩固的組織就像大船，
比小船更能**抵擋強風暴雨**。

如小船的組織在艱困中則難以全身而退，
隨時都有沉沒的可能。

不論做了什麼挑戰，

不論

參與什麼競賽，

最終都是在

和自己競賽。

了解你自己

愛你所做的。

做你所愛的。

發掘你喜歡的事，

堅定意志。

這就足夠了。

不要讓錯誤

一次又一次發生。

如果你要創造安迪·沃荷所說的

閃耀亮眼的15分鐘，

那麼就在工作時

全力以赴吧！

小錯誤
Small mistakes

不論是生活或工作，
不要總是以「沒關係，只是小錯」
來寬慰自己。

對很多人而言，
不管是重要或不重要的工作，
他們永遠會倚賴這句話，
到最後，這點小錯釀成大錯誤。

他們永遠得不到好機會，
但卻永遠抱怨天地不公。

在公園裡，

多數人都是獨自慢跑。

因為，同時間開始跑的人，

有人跑得比較快，

有人跑得比較慢；

可能腿比較長，

可能腿比較短；

可能步伐比較大，

可能步伐比較小。

不論是生活或工作，

永遠會有人比你先抵達終點，

但也永遠有人比你更晚抵達終點。

賣力工作，

讓老闆感覺雇用你真是值回票價。

你可以想像成去餐廳用餐，

覺得料理美味新鮮擺盤佳，

你會覺得CP值很高。

但當你感覺料理不符定價，

你絕不會再去光顧。

老闆也是一樣，

如果他覺得你的工作

不值得付給你的薪水，

他絕不會再雇用你。

如果你還不是拳擊手，
在真正上台前先學會拳擊。

如果你還不是好的員工，
在開始工作前學習
盡可能做好你的工作。

如果你工作認真，

引導你的後輩也認真工作；

如果你是一個好人，

引導你的後輩也做一個好人；

發揮影響力，

讓好的價值發揚光大。

Good People

好人的優點是他的良善。

Bad People

壞人會使壞傷害別人。

好人很少與壞人為伍

因為壞人會傷害親近的人。

壞人會尋找好人並肩作戰

因為厭倦了在壞人堆裡內鬥。

但最後只會兩敗俱傷，

因為壞人能看穿同類的伎倆。

這世界的和善都跑哪裡去了？

時間過得愈久，
消失的良善愈多。

就像全球溫室效應嗎？
地球變得愈溫暖，
消失的良善愈多。

以良善戰勝邪惡。

如果以惡制惡，
你和邪惡的人沒有兩樣。

讓別人因為恐懼而追隨你

叫做「權力」。

讓別人心悅誠服追隨你

叫做「尊敬」。

讓別人因為信任而追隨你

叫做「領導」。

了不起的人
不論在哪裡都很了不起。

良善的人
不論在哪裡都很良善。

不善的人
不論在哪裡都不善。

展現機智，

會讓別人稱讚你。

展現能幹，

會讓別人想要接近你。

但言談機智不會讓你成為了不起的人。

就像貪腐而行善

是不會為社會所接受的。

要造就好人，
只有了不起的人能做到。

要造就壞人，
只有壞人能做到。

偉大的領導者

能讓追隨者抱持敬意。

勇敢的領導者

能讓追隨者全力奮戰。

愚蠢的領導者讓追隨者孤身戰鬥，

自己卻

不願並肩作戰。

無能的領導者讓人——

不願追隨。

鑽石

只有在看得見價值的人手中

才顯珍貴。

寶藏

只有在看得見價值的人手中

才顯珍貴。

如果擁有的人看不見價值

再珍貴的東西也一文不值。

人性本善或本惡，

或許無從定論。

但心懷惡念的人，

自出生以來，便不善於改善自己，

於是每天都會產生怨恨與邪念。

（他們一輩子不知善為何物。）

你愈是聰明＋良善，

就有愈多人要和你做朋友。

你愈是聰明＋良善，

就有愈多人把你當作楷模。

你愈是聰明＋良善，

就有愈多人要當你的學生。

你愈是聰明＋良善，

就有愈多人欣賞你的能力。

你愈是聰明＋良善，

就有愈多人尊敬你。

在亞洲時，

要學習使用筷子。

在歐洲時，

要學習使用刀叉。

如果一直在某處生活，

如果每天閱讀某類書籍，

想法跟習慣也會漸漸受到影響。

接近好人時，

要表現你的好。

接近聰明人時，

要表現你的聰明。

如果你每天遇見好人、

和聰明人一起工作，

你會變得像他們一樣良善＋聰明。

在框框內思考
或在框框外思考
都可以，

只要對事情有幫助，
有何不可？

人生大事之
最好的工作

作　　者／丹榮‧皮昆（Damrong Pinkoon）
譯　　者／張美惠
美術設計／倪龐德
內頁排版／亞樂設計
執行企劃／曾睦涵
主　　編／林巧涵
董事長‧總經理／趙政岷
出版者／時報文化出版企業股份有限公司
10803 台北市和平西路三段 240 號 7 樓
發行專線／（02）2306-6842
讀者服務專線／0800-231-705、（02）2304-7103
讀者服務傳真／（02）2304-6858
郵撥／1934-4724 時報文化出版公司
信箱／台北郵政 79 ～ 99 信箱
時報悅讀網／www.readingtimes.com.tw
電子郵件信箱／books@readingtimes.com.tw
法律顧問／理律法律事務所 陳長文律師、李念祖律師
印　　刷／盈昌印刷有限公司
初版一刷／2017 年 4 月 28 日
定　　價／新台幣 250 元，特價 199 元
行政院新聞局局版北市業字第 80 號

時報文化出版公司成立於一九七五年，並於一九九九年股票上櫃公開發行，
於二〇〇八年脫離中時集團非屬旺中，以「尊重智慧與創意的文化事業」為信念。

人生大事之最好的工作／丹榮‧皮昆 (Damrong Pinkoon) 作；張美惠譯. 初版
臺北市：時報文化，2017.04 ISBN 978-957-13-6974-7(平裝)
1. 自我肯定 2. 成功法　177.2　106004457